Noch mehr lieferbare Jule-Bücher:

Jule hat keine Angst im Dunkeln
LESEMAUS Band 125

Jule geht nicht mit Fremden mit
LESEMAUS Band 53

Weitere Bände in Vorbereitung.

Zum Vorlesen ebenfalls bestens geeignet:

Max geht nicht mit Fremden mit
LESEMAUS Band 4

Leonie und ihre Kuscheldecke
LESEMAUS Band 24

Conni schläft im Kindergarten
LESEMAUS Band 102

1 2 3 4 5   13 12 11 10
© Carlsen Verlag GmbH, Hamburg 2010
Lektorat: Anja Kunle
Herstellung: Nicole Boehringer
Lithografie: Zieneke PrePrint, Hamburg
Druck und Bindung: Livoniaprint, Riga
ISBN: 978-3-551-51735-7

Jule geht nicht mit Fremden mit

Eine Geschichte von Anna Wagenhoff
mit Bildern von Sigrid Leberer

CARLSEN

Jule langweilt sich.
Niemand ist zum Spielen da.

Ihr großer Bruder ist
mit Papa beim Fußballtraining.
Und Mama hat keine Zeit. Sie muss arbeiten.
„Spiel doch ein bisschen im Sandkasten, bis ich fertig bin",
sagt Mama. „Du kannst die neuen Förmchen ausprobieren.
Und nachher backen wir zusammen einen Sandkuchen."

Allein spielen ist doof, findet Jule.
Zum Glück kommt da Kitty über den Rasen gelaufen.
Kitty ist die Katze von nebenan.
Jule hätte auch gern ein Kätzchen. „Spielst du mit mir, Kitty?",
fragt Jule und will die Katze auf den Arm nehmen.
Aber Kitty läuft einfach weiter und springt aufs Gartentor.

„Kitty, bleib doch hier! Du sollst mit mir spielen!",
ruft Jule und flitzt zum Gartentor. Doch da springt Kitty
schon auf den Gehweg und läuft die Straße entlang.

Jule überlegt.
Eigentlich darf sie
gar nicht allein raus.
„Aber ich komme ja gleich wieder.
Ich hole nur schnell Kitty",
denkt sie und rennt der Katze nach.

Kitty läuft und läuft.
Jule kommt kaum hinterher.

„Kitty! Bleib doch stehen!"

Aber da biegt die Katze schon
wieder um die nächste Ecke.

Jule ist ganz aus der Puste.

Jule läuft um die Ecke.
Sie steht in einer großen Hofeinfahrt – und Kitty ist weg.
„Kitty, wo bist du? Komm her! Miez, miez!", ruft Jule.
Ihre Stimme klingt ganz komisch zwischen den Garagen.

„Ist deine Katze weggelaufen? Brauchst du Hilfe?",
fragt ein Mann, der gerade aus seinem Auto steigt. Jule schluckt.
„Kitty ist weg. Das ist die Katze von unseren Nachbarn.
Ich wollte doch nur mit ihr spielen. Und jetzt ist sie weg."

„Sei nicht traurig. Sie findet bestimmt den Weg zurück.
Katzen sind sehr schlau. Ich habe zu Hause auch eine.
Sie heißt Mohrle und hat gerade Babys bekommen.
Du kannst mitkommen und sie dir ansehen.
Wenn du möchtest, schenke ich dir auch ein Kätzchen",
sagt der Mann und öffnet die Autotür.

Jule überlegt. Die Katzenbabys möchte sie gern sehen.
Und sie könnte sogar ein eigenes Kätzchen bekommen.
Aber ob Mama das erlaubt? Da wird es Jule heiß und kalt.
Ihr fällt nämlich ein, was Mama immer sagt:
Geh nie mit einem Fremden mit.
Egal wie nett er ist oder was er dir verspricht.
„Der Mann ist nett, aber ich kenne ihn gar nicht.
Also ist er ein Fremder", denkt Jule.

„Na, was ist denn jetzt? Kommst du mit?", fragt der Mann ungeduldig und stellt sich Jule in den Weg. Und da muss sie nicht mehr länger überlegen.

„Nein! Ich gehe nicht mit Fremden mit!", ruft sie laut.

So laut, dass eine Frau stehen
bleibt und zu ihnen herüberschaut.
Jule dreht sich um und rennt los.
„Na, dann nicht!", sagt der Mann.
Er steigt in sein Auto
und fährt davon.

„Wollen wir jetzt die neuen
Sandförmchen ausprobieren?",
fragt Mama. „Schau mal,
es ist sogar ein Kätzchen dabei."
Jule lacht: „Ja, eine Katze aus Sand
läuft bestimmt nicht weg.
Und ich auch nicht mehr!"

Liebe Eltern,

Kinder im Alter von Jule wollen sich selbst erproben. Sie stellen Regeln in Frage und wollen sehen, wie weit sie damit kommen. Jule weiß eigentlich, dass sie nicht allein aus dem Garten gehen darf. Trotzdem läuft sie der Katze hinterher. Nur kurz, nur ein Stück, denkt sie. Aber plötzlich ist sie weit weg von zu Hause und ganz allein. Eine schwierige Situation für das Mädchen.

Als der fremde Mann Jule anbietet, ihr die Katzenbabys zu zeigen, ist das ein verlockendes Angebot. Aber Jule lehnt ab. Sie weiß, dass sie mit Fremden nicht mitgehen darf. Diese Regel ist unumstößlich. Das weiß Jule und macht genau das Richtige: Sie sagt dem Mann laut, dass sie nicht mit ihm kommen möchte. So laut, dass andere Passanten auf sie aufmerksam werden. Auch Jules Mutter macht das Richtige. Sie hört Jule zu und lobt sie dafür, dass sie nicht mit dem Mann gegangen ist. Aber sie lässt auch nicht durchgehen, dass Jule eine andere Regel nicht befolgt hat, nämlich den Garten nicht allein zu verlassen.

Eltern können ihre Kinder nicht vor allen Gefahren beschützen. Sie können ihrem Kind jedoch etwas mitgeben, um es für unsichere Situationen stark zu machen:
Kinder, die sich geliebt fühlen, haben eine sichere Basis, auf der Selbstbewusstsein und Stärken wachsen können. Jule kann sich in der Situation selbst schützen, weil sie ihrer Intuition folgt und den nötigen Mut zum Neinsagen hat.
Nehmen Sie die Gefühle Ihres Kindes ernst. Alle Gefühle dürfen gespürt und gezeigt werden. Daneben ist es wichtig, Kindern auch einfach für ihr Dasein Zuwendung zu geben: „Es ist schön, dass es dich gibt!"

Solchermaßen gestärkt können Kinder das nötige Selbstbewusstsein entwickeln, um sich selbst zu schützen und Nein zu sagen.